Strukturiert Englisch lernen

1.-4. Klasse

Fit für die Schule in den Sommerferien

von Ayleen Lyschamaya

(Dr. Ayleen Birgit Scheffler-Hadenfeldt)

Haftungsausschluss: Das vorliegende Buch ist sorgfältig erarbeitet worden. Die Angaben sind trotzdem ohne Gewähr. Die Autorin übernimmt keinerlei Haftung für eventuelle Schäden, die aus dem Inhalt resultieren.

Bibliografische Information der Deutschen Bibliothek: Die Deutsche Bibliothek verzeichnet diese Publikation in der Deutschen Nationalbibliografie; detaillierte bibliografische Daten sind im Internet über http://dnb.ddb.de abrufbar.

ISBN 978-3-7322-9511-1

Weitere Elternratgeber von Ayleen Lyschamaya:
Harmonischer Kindergeburtstag, Kindergeburtstage ohne Verlierer – Gemeinschaftsfördernde Gruppenspiele;
EMDR für Babys, Elternschule für dein Baby im ersten Lebensjahr

1.Auflage 2013 unter Dr. Ayleen Birgit Scheffler-Hadenfeldt
2.Auflage 2019 als Neuerscheinung unter Ayleen Lyschamaya
© Ayleen Lyschamaya (Dr. Ayleen Birgit Scheffler-Hadenfeldt)

Herstellung und Verlag: BoD – Books on Demand GmbH, Norderstedt.

Titelbild: Die Personen sind mit ihrer freundlichen **Genehmigung** abgebildet.

Inhaltsverzeichnis

Aussprachehilfe YouTube-Videos:
https://www.am-ziel-erleuchtung.de/grundschule-englisch-lernen/

Inhaltsverzeichnis

Danksagungen

Ganz besonders herzlich danken möchte ich meinem Freund Sören Lilienthal, der diesen Ratgeber Korrektur gelesen und die männliche Aussprache in dem unterstützenden YouTube-Video übernommen hat. Zudem hat er meinen Reisebericht „Spiritueller Hausboot-Urlaub in Holland, mit einer Pénichette von Locaboat durch die Niederlande" ins Englische übersetzt.

Meinen Freunden Familie Eckthaler danke ich ebenso herzlich dafür, dass sie diesen Elternratgeber anhand ihres Sohnes ausprobiert und mir noch weitere Anregungen und Hinweise gegeben haben.

Berlin, im Juni 2019

Ayleen Lyschamaya

Vorwort

Liebe Eltern,

während der Grundschulzeit entwickelt sich im menschlichen Bewusstsein vor allem der innerpsychische Persönlichkeitsanteil „innere Frau". Daher hat das immer häufiger angewendete pädagogische Konzept, Kinder schon möglichst früh spielerisch und unbewusst nebenbei Englisch lernen zu lassen, durchaus seinen Wert. Doch leider kommen damit, insbesondere bei schon frühzeitig ausgeprägtem „inneren Mann", nicht alle Kinder auch zurecht. [1]

Mein eigener Sohn hatte schon ab der ersten Klasse Englisch in der Schule und am Ende des Schuljahres war den Hinweisen in seinem Zeugnis zu entnehmen, dass er zwar die spielerischen Elemente eifrig mitgemacht, aber keinerlei Englisch gelernt hatte. Er ist ein sehr naturwissenschaftlich begabtes Kind, das Sprachen nicht einfach so nebenbei spielerisch lernen konnte. Deswegen habe ich für ihn – parallel und unterstützend zur Schule – einen Lernansatz entwickelt, der

---

[1] Siehe „Spirituelle Psychotherapie: Die innere Familie" und meine Webinare zur inneren Familie.
https://www.am-ziel-erleuchtung.de/grundschule-englisch-lernen/

strukturorientierten Menschen entspricht. Damit ist mein Sohn dann im Unterricht gut mitgekommen.

Später wurde ich von anderen Eltern angesprochen, auch mit ihren Kindern Englisch zu lernen, weil sie ihren Kindern gerne helfen wollten, aber anhand der spielerischen Unterrichtsmaterialien und ebenso spielerischen außerschulischen Englischlernhilfen nicht wussten, wie sie vorgehen konnten. An solche motivierten, Lernanleitung suchenden Eltern wendet sich dieser Ratgeber.

Vielleicht ist dein Kind gar nicht grundsätzlich „schlecht in Englisch", sondern durchaus durchschnittlich sprachbegabt, aber strukturorientiert und kommt deswegen mit dem spielerischen Lernansatz nicht so gut zurecht. Dann wird dein Kind von einer strukturgebenden – den Unterricht ergänzenden – Vorgehensweise viel profitieren.

Ich wünsche dir und deinem Kind ein erfolgreiches, gemeinsames Englisch lernen.

Deine Ayleen Lyschamaya

Pädagogisches Konzept

Es ist allgemein bekannt, dass motivierte Kinder besser lernen als solche, denen die Motivation fehlt. Deswegen wird beim spielerischen Lernansatz versucht, Kinder über ihre Freude am Spielen zu motivieren. Bei sehr vielen Kindern funktioniert diese Vorgehensweise auch, sodass sich der spielerische Lernansatz durchgesetzt hat.

Doch nicht alle Kinder sind gleich und bei Kindern, für die der spielerische Lernansatz ungeeignet ist, kann dieses pädagogische Konzept sogar ins genaue Gegenteil umschlagen. So war mein eigener Sohn nach dem ersten Jahr mit spielerischem Englisch lernen in der Schule zutiefst davon überzeugt, Englisch nicht zu verstehen und auch niemals lernen zu können. Auch sein Selbstwertgefühl hatte bereits soweit gelitten, dass er sich sehr viel schlechter als seine Klassenkameraden einschätzte.

Sollte dein Kind bereits derart negative innere Überzeugungen entwickelt haben, ist es sehr wichtig, dass du deinem Kind erst einmal vermittelst, dass es nicht „dumm" ist, sondern einfach nur die Lernmethode „falsch" für dein Kind ist. Sei selber unbedingt überzeugt davon, dass dein Kind mit dieser strukturierten Lernmethode Englisch können wird. Erst wenn dein Kind seine Voreingenommenheit soweit aufgegeben hat, dass es für neue Erfahrungen offen ist, solltet ihr mit diesem strukturierten Englisch lernen beginnen.

Wenn beim strukturierten Englisch lernen nicht die Freude am Spiel motiviert, was dann? – Der Erfolg! Der Erfolg als Motivationsfaktor wird gleich in zweierlei Hinsicht genutzt:

Erstens ist der Ratgeber so aufgebaut, dass er immer nur kurze Lernabschnitte enthält, sodass dein Kind möglichst schnell ganze Bereiche erfassen kann. Es wird deinem Kind vermittelt, was es mit dem jeweiligen Wissen schon alles anfangen kann. Zusätzliche Anwendungsübungen mit Ergebniskontrolle fördern außerdem seine Eigenständigkeit und ein Test am Ende jedes Lernabschnittes zeigt Fortschritte und gibt deinem Kind Erfolgserlebnisse.

Zweitens bekommt dein Kind in der Schule den Erfolg, die englische Sprache „besser zu durchschauen" und fühlt sich dadurch sicherer mit Englisch. Wo vorher unstrukturierte Vielfalt überforderte, erkennt dein Kind jetzt, dass es ein Grundgerüst gibt, in das es die Vielfalt einordnen kann. Bekanntes im Unterricht wiederzuerkennen motiviert und gibt die Zuversicht, sich dann auch auf weitergehendes Neues einzulassen. Dein Kind merkt, dass es auf seine Art und Weise, ebenso wie die anderen Kinder, mit Englisch zurechtkommt. Diese Selbstwertsteigerung durch Erfolg motiviert zu weiterem Lernen.

Darüber hinaus hat dein Kind sogar einen gewissen Vorteil, sich von vorneherein daran zu gewöhnen, dass zum Englisch lernen auch Grammatik und Fleiß gehören, während die anderen Kinder den Übergang von spielerischem zu strukturiertem Lernen später auch irgendwann vollziehen müssen.

Zur Vorgehensweise

Dieser Elternratgeber ist als Ergänzung – nicht als Ersatz – zum Schulunterricht gedacht, wenn dein Kind mit dem Ansatz des spielerischen Englisch Lernens nicht ausreichend zurechtkommt. Er soll deinem Kind den Einstig in die englische Sprache erleichtern, indem er eine gewisse Sprachstruktur als Gerüst vermittelt, um dadurch den schulischen Inhalt besser aufnehmen zu können.

Der Ratgeber richtet sich an Einsteiger in die englische Sprache. Die meisten Eltern werden voraussichtlich nach dem ersten spielerischen Jahr Englisch in der Schule erkennen können, ob ihr Kind mit der Lernmethode zurechtkommt oder eben nicht.

Einzelnen Kindern, die auch sonst im Alltag eher viel Struktur brauchen, kann es aber möglicherweise sogar helfen, schon direkt vor der Einführung von Schulenglisch mit diesem Elternratgeber eine Basis vorzubereiten. Du brauchst nicht zu befürchten, dass dein Kind sich dann in der Schule langweilen wird, weil dieser Ratgeber keinen Unterricht vorwegnimmt, sondern ergänzend einen strukturierten Lernansatz vermittelt.

Wenn dein Kind also voraussichtlich oder tatsächlich besser mit strukturiertem als mit spielerischem Lernen zurechtkommt, versucht dieser Ratgeber deinem Kind in den Sommerferien schnellstmöglich eine Basis zu vermitteln, damit es im nächsten Schuljahr an Englisch durch Erfolg Freude hat. Der Ratgeber ist als Hilfestellung für die Übergangszeit gedacht, bis nach Lehrbüchern gearbeitet wird, welche mit Grammatik- und Vokabelübersichten konkrete Lernvorgaben machen.

Strukturiert Englisch lernen ist als Elternratgeber so aufgebaut, dass du mit deinem Kind grundsätzlich gemeinsam lernst, auch wenn die schriftlichen Übungsaufgaben und Tests am Ende jeder Lektion von deinem Kind eigenständig ausgefüllt werden sollen. Du bekommst dadurch einen Überblick, wie dein Kind lernt und erhältst im Ratgeber immer wieder auch Hinweise, wie du deinem Kind das Lernen als solches vermitteln kannst.

Jede Lektion beginnt mit einem Erklären, mit dem du deinem Kind das Thema beibringst. Dabei ist jedes erstmalige Erklären des Themas zeitlich in etwa auf eine dreiviertel Stunde konzentriertes Lernen ausgerichtet. Abhängig vom Alter und der Konzentrationsfähigkeit deines Kindes, können Pausen erforderlich sein.

Anschließend folgt gemeinsames und eigenständiges Üben ohne Zeitangabe, weil jedes Kind seine individuelle Lerngeschwindigkeit hat und niemand unter Druck gesetzt werden sollte. Der Test am Ende jeder Lektion zeigt, ob dein Kind zur nächsten Lektion übergehen kann. Die Lösungen zu den Tests findest du im Anhang auf Seite 63.

Beim spielerischen Englisch Lernen ist es üblich, dass zunächst nur mündlich vorgegangen wird. Bei Kindern, die über Struktur lernen, ist es allerdings besser, wenn du von Anfang an das Schriftliche mit hinzunimmst. Das Schriftliche entspricht dem Strukturbedürfnis deines Kindes nach Dauerhaftigkeit, Festigkeit und Stabilität.

Das Schriftliche ist allerdings davon abhängig, ab welcher Klasse in deinem Bundesland Englisch in der Schule unterrichtet wird, denn dafür muss dein Kind natürlich schon grundsätzlich schreiben können. Wendest du diesen Elternratgeber gegen Ende der ersten Klasse an, lasse dein Kind die englischen Worte nicht nur hören, sondern ruhig auch lesen, während das Schreiben noch eher du in der vorwiegend mündlichen Zusammenarbeit übernimmst.

Bei Anwendung dieses Ratgebers in der zweiten Klasse solltest du so viel schriftlich mit hineinnehmen wie dein Kind kann und braucht, um sich zu orientieren. Ab etwa der dritten Klasse solltest du dann wie im Folgenden beschrieben gleichzeitig mündlich und schriftlich vorgehen.

Achte bitte beim Lernen mit deinem Kind auch von Anfang an auf die richtige Aussprache. Für den Fall, dass du selber kein Englisch kannst, habe ich im Internet auf YouTube zwei Videos eingestellt, in denen alle englischen Worte aus diesem Ratgeber jeweils mit weiblicher und männlicher Stimme gesprochen werden.

https://www.am-ziel-erleuchtung.de/grundschule-englisch-lernen/

Die Minutenangaben zu den einzelnen Lektionen habe ich dir unten in den Beschreibungen zu den Videos angegeben, sodass du besonders einfach zu den gewünschten Aussprachen springen kannst. Darüber hinaus enthalten die Videos keine weiteren Erläuterungen, sodass du die Videos nicht benötigst, wenn du die englische Aussprache kennst.

Als Untertitel habe ich bewusst *Fit für die Schule in den Sommerferien* gewählt, um dir einen möglichen Schrecken nach dem ersten Jahr Englischunterricht zu nehmen. Noch hat dein Kind Englisch so spielerisch kennengelernt, dass es noch gar keine wirklich grundsätzlichen inhaltlichen Lücken hat. Über strukturiertes Englisch lernen könnt ihr tatsächlich in den Ferien eine gute Basis für das nächste Schuljahr schaffen.

Die einzelnen Lektionen in diesem Elternratgeber sind so aufeinander aufgebaut, dass dein Kind zuerst mit nur wenigen Vokabeln schon gleich so viel wie möglich Struktur erhält und sogar Sätze bilden kann. Dann wird ein grundlegender Vokabelschatz angeboten und schließlich eine Brücke zum Schulunterricht geschlagen.

Es ist gut möglich, mit diesem Elternratgeber eine vollständige Basis für das nächste Schuljahr in den Sommerferien zu schaffen, aber natürlich kann der Ratgeber auch begleitend zum Unterricht eingesetzt werden. Die Übungseinheiten einer Lektion sollten jeweils zeitlich zusammenhängend an aufeinanderfolgenden Tagen bearbeitet werden.

In den einzelnen Lektionen werden Hinweise gegeben, wie du dein Kind motivieren kannst. Darüber hinaus solltest du aber dein Kind ganz generell sehr viel loben, damit es stolz auf sich ist und Selbstvertrauen in seine sprachlichen Fähigkeiten entwickelt. Besonders motivierend wäre auch, wenn dein Kind mit einem Elternteil übt und die Ergebnisse dann später stolz dem anderen Elternteil präsentiert. Dieser hat nur die

Aufgabe, Anerkennung zu geben, während der gemeinsam übende Elternteil gegebenenfalls wohlwollend korrigiert oder Hilfestellung leistet.

Wenn du alleinerziehend bist, kannst du auch eine gute Freundin um diese Aufgabe bitten oder dich mit einer anderen Mutter absprechen. Die Präsentation sollte nur so lange dauern, wie dein Kind von sich aus dazu Lust hat und kann auch sehr kurz ausfallen. Es geht dabei nicht um Üben, sondern um Motivation und Selbstbewusstsein.

Lektion 1

Lernziele: Personalpronomen und Lerntechnik Vokabeln

Zeitaufwand: 2 Übungseinheiten

1.Übungseinheit

In dieser ersten Lektion vermittelst du deinem Kind die Personalpronomen *ich, du, er, sie, es, wir, ihr, sie*. Die Erfahrung hat gezeigt, dass strukturorientierte Kinder diese grundlegenden Worte keineswegs spielerisch aufnehmen und dadurch schon gleich erste Verständnisschwierigkeiten haben.

Außerdem bringst du deinem Kind anhand von einfachen Worten bei, wie es am besten dauerhaft Vokabeln behält. Dabei gibt es verschiedene Möglichkeiten, Vokabeln zu lernen, wie zum Beispiel mit Karteikarten, Computerprogramm, Vokabelheft oder im Hause verteilten Zetteln. Gehe nicht davon aus, dass dein Kind schon irgendwie von alleine die Vokabeln behalten wird, sondern leite dein Kind Schritt für Schritt wie im Folgenden beschrieben an.

Ich möchte dir das Lernen mit Vokabelheft vorstellen, weil es die wenigste Vorbereitung braucht und zugleich der strukturierteste Lernansatz ist. Dein Kind sieht die Vokabeln vor sich geordnet und bekommt dadurch einen guten Überblick. (Zur Vorgehensweise siehe auch die Übersicht auf Seite 62.)

Lasse die folgenden Vokabeln von deinem Kind in ein Vokabelheft (oder in ein Schreibheft, welches du in der Mitte knickst) übertragen:

ich	=	I (wird immer groß geschrieben)
du	=	you
er	=	he
sie	=	she
es	=	it
wir	=	we
ihr	=	you
sie	=	they

Als Nächstes geht ihr gemeinsam die Aussprache durch. Achtet dabei auf das „Th" bei *they* und mache deinem Kind gegebenenfalls die Aussprache mit der Zunge zwischen den Zähnen deutlich vor. Einige wenige Male wiederholen reicht für das Erste, weil „Th" so oft vorkommt, dass dein Kind immer wieder Gelegenheit für kurzes Üben bekommt.

Anschließend suche gemeinsam mit deinem Kind nach Eselsbrücken. Zum Beispiel fangen *ich* und *I* beide mit I an und nur das „Ch" wird im Englischen weggelassen. *Du* und *you* klingt ähnlich, auch wenn es unterschiedlich geschrieben wird. Bei *er* und *he* ist jeweils das E auffällig. Bei *sie* und *she* kann wiederum auf den ähnlichen Klang und bei *wir* und *we* auf den Anfangsbuchstaben abgestellt werden.

Du und *ihr* kann man im Englischen nicht unterscheiden. Es heißt in beiden Fällen *you* – so leicht ist Englisch. Bei *sie* (Mehrzahl) mit *they* weise bitte auf den Unterschied zu *sie* (Einzahl) mit *she* hin.

Nachdem die englischen Worte so schon etwas vertraut geworden sind, geht es jetzt an das konkrete Lernen im „Krebsgang". Bei der Methode lernt dein Kind jeweils drei Vokabeln, wiederholt dann erst die zuvor gelernten drei Vokabeln, bevor es sich die nächsten drei Vokabeln vornimmt und zum Schluss alle Vokabeln noch einmal wiederholt.

Im Einzelnen sagt sich dein Kind ein paar Mal *ich* = *I* laut vor und versucht, sich die Vokabel dabei einzuprägen. Dann schreibt dein Kind dreimal hintereinander *ich* = *I* auf ein extra Blatt Papier. Dabei darf es auf die Vorlage schauen. Wenn dein Kind das Schreiben schon auswendig versucht, soll es nach jedem Schreiben unbedingt genau kontrollieren, ob es das Wort denn auch wirklich richtig geschrieben hat.

Dasselbe – sprechen, merken, schreiben – macht dein Kind nun auch mit *du* = *you* und *er* = *he*. Nach diesen drei Worten guckt dein Kind sich die Vokabeln noch einmal im Vokabelheft an und deckt dann die deutsche Seite mit einem leeren Blatt Papier ab. Nun versucht es, *I* mit *ich* zu übersetzen. Hat dein Kind das Wort gewusst, geht es weiter zu *you*. War dein Kind noch unsicher, schreibt es noch dreimal *ich* = *I* und geht erst dann zum *you* weiter.

Wenn dein Kind *ich, du* und *er* übersetzen konnte, wird jetzt die englische Seite abgedeckt und nach *I, you* und *he* gefragt. Die ins Englische übersetzten Worte sind jeweils einmal zu schreiben, um gleich die Rechtschreibung mit abzufragen. Wurde ein Wort falsch geschrieben oder nicht gewusst, ist es noch zweimal zusätzlich zu schreiben.

Dieser gesamte Vorgang wird jetzt mit den nächsten drei Worten *sie* = *she*, *es* = *it* und *wir* = *we* wiederholt. Anschließend werden im Krebsgang die ersten sechs Worte von *ich* bis *wir* jeweils mündlich von Deutsch ins

Englische übersetzt wiederholt, bevor dein Kind zu den letzten zwei Vokabeln übergeht.

Die letzten beiden Vokabeln *ihr* = *you* und *sie* = *they* werden auch wieder richtig ausgesprochen, sich gemerkt und jeweils dreimal geschrieben sowie von Englisch nach Deutsch mündlich und von Deutsch nach Englisch schriftlich abgefragt. Anschließend wird im Krebsgang von *she* bis *they* mündlich wiederholt.

Zuletzt werden alle Vokabeln noch einmal von Englisch nach Deutsch mündlich und von Deutsch nach Englisch schriftlich abgefragt. Bei Nichtwissen sind die Vokabeln dreimal auf dem Extrazettel zu schreiben. Daran sollte sich dein Kind von vornherein ganz generell gewöhnen, wenn es Vokabeln nicht weiß.

Motivation: Guckt die Arbeitshefte deines Kindes doch einmal gemeinsam durch, wie oft diese Worte darin vorkommen, die es jetzt schon kann.

2.Übungseinheit

In dieser zweiten Übungseinheit geht es darum, die gelernten Vokabeln zu wiederholen und zu festigen. Dein Kind soll sich dazu selber mit abdeckendem Papier von Englisch nach Deutsch mündlich und von Deutsch nach Englisch schriftlich abfragen. Anschließend fragt es sich noch einmal mündlich von Deutsch nach Englisch in umgekehrter Reihenfolge von *they* bis *I* ab.

Als Nächstes frage bitte dein Kind völlig durcheinander von Englisch nach Deutsch und von Deutsch nach Englisch mündlich ab, wenn es die Vokabeln zuvor schreiben konnte. Schwierige Worte soll es buchstabieren und nur, wenn es Vokabeln nicht weiß, sind diese dreimal zu schreiben. Ist dein Kind fit für die folgende Lernkontrolle?

Lasse dein Kind bitte den folgenden Test ausfüllen. Es möchte darauf achten, dass manchmal nach Deutsch und manchmal nach Englisch gefragt ist. Wenn dein Kind bis zu drei Fehler gemacht hat, ist es ausreichend, diese korrigieren zu lassen, weil die Vokabeln in den folgenden Lektionen noch oft wiederholt werden. Du kannst mit deinem Kind also ruhig zur nächsten Lektion weitergehen. Lobe dein Kind dafür.

Test zur Lektion 1:

du = _____

er = _____

_____ = you (eine Person)

_____ = he

sie (eine Person) = _____

es = _____

_____ = we

wir = _____

sie (mehrere Personen) = _____

_____ = I

_____ = they

_____ = she

ihr = _____

_____ = it

ich = _____

_____ = you (mehrere Personen)

Lektion 2

Lernziele: Sätze bilden, Einzahl und Mehrzahl Hauptwörter

Zeitaufwand: 2 Übungseinheiten

1.Übungseinheit

In dieser zweiten Lektion wird dein Kind schon stolz ganze Sätze bilden können. Dazu benötigt es zunächst erst einmal wieder Vokabeln. Lasse dein Kind die Vokabeln erst einmal abschreiben, damit es sie vor sich hat.

ein / eine	=	a
(ein) Mädchen	=	girl
(viele) Mädchen	=	girls
(ein) Junge	=	boy
(viele) Jungen	=	boys

Die Mehrzahl von Hauptwörtern wird in Englisch durch ein anhängen von S gebildet. Frage dein Kind nacheinander die folgenden drei Beispiele ab: Wenn Auto = car / Buch = book / Ball = ball heißt, wie heißen

Autos / Bücher / Bälle? (cars / books / balls). Einzahl und Mehrzahl sind in Englisch viel einfacher als in Deutsch. Ein Glück, dass dein Kind kein(e) kleine(r) Engländer(in) ist, die/der Deutsch lernen muss!

Lasse dein Kind jetzt auch noch erst einmal die folgenden Vokabeln abschreiben.

Ich bin …	=	I am …
Du bist …	=	You are …
Er ist …	=	He is …
Sie ist …	=	She is …
Es ist …	=	It is …
Wir sind …	=	We are …
Ihr seid …	=	You are …
Sie sind …	=	They are …

Mache dazu schon gleich auf ein paar Zusammenhänge aufmerksam: In der Mehrzahl ist es immer dasselbe Wort *are*, das auch noch in der Einzahl bei *you are* benutzt wird. Wie einfach Englisch doch ist! *Er / Sie / Es ist* entspricht dem Englischen mit *He / She / It is*, nur das T von *ist* wird bei *is* weggelassen.

Motivation: Bevor dein Kind das Lernen der Vokabeln in der schon bekannten Krebsgangweise beginnt, bildet mündlich zunächst gemeinsam ganze Sätze. Dazu darf dein Kind in sein Vokabelheft schauen und die Worte zusammensuchen.

Ich bin ein Mädchen / Junge. = I am **a** girl / boy.

Du bist ein Mädchen / Junge. = You are **a** girl / boy.

Er / Sie / Es ist ein Mädchen / Junge.

= He / She / It is **a** girl /boy.

Wir sind Mädchen / Jungen. = We are girl**s** / boy**s**.

Ihr seid Mädchen / Jungen. = You are girl**s** / boy**s**.

Sie sind Mädchen / Jungen. = They are girl**s** / boy**s**.

Super, dein Kind kann schon acht englische Sätze bilden!

Vielleicht braucht dein Kind an dieser Stelle jetzt eine Pause? Sonst sind nun die Vokabeln im Krebsgang zu lernen. Da dein Kind die Vokabeln schon als einfache Sätze angewendet hat, wird ihm das Lernen leichter fallen, als wenn die Vokabeln nur „gepaukt" werden müssten. Bitte achte aber trotzdem darauf, dass dein Kind die Vokabeln wirklich in der schon bekannten Krebsgangweise lernt, sodass diese selbstverständlich für dein Kind wird.

Achte bitte außerdem darauf, dein Kind nicht zu überfordern, sodass es die Lust am Lernen behält. Die Vokabeln in dieser ersten Übungseinheit müssen noch nicht „sicher sitzen". Es reicht völlig, wenn dein Kind sie „so einigermaßen" kann. Die Sicherheit kommt erst mit dem wiederholenden Üben.

Motivation: Verrate deinem Kind die folgenden unbekannten Hauptwörter und lasse es zum Abschluss mündlich noch ein paar „Unfug"-Sätze bilden, die sprachlich aber natürlich trotzdem korrekt sein sollen.

Ich bin ein Hund. = I am a dog.

Du bist ein Flugzeug. = You are a plane.

Sie ist eine Katze. = She is a cat.

Wir sind Autos. = We are cars.

Ihr seid Bücher. = You are books.

Sie sind Bälle. = They are balls.

2.Übungseinheit

Die Engländer/innen machen es sich gerne einfach. Deshalb ersetzen sie manchmal einzelne Buchstaben (die **fett**gedruckten) durch ein Apostroph.

Ich bin ...	=	I **a**m ...	=	I´m ...
Du bist ...	=	You **a**re ...	=	You´re ...
Er ist ...	=	He **i**s ...	=	He´s ...
Sie ist ...	=	She **i**s ...	=	She´s ...
Es ist ...	=	It **i**s ...	=	It´s ...
Wir sind ...	=	We **a**re ...	=	We´re ...
Ihr seid ...	=	You **a**re ...	=	You´re ...
Sie sind ...	=	They **a**re ...	=	They´re ...

In dieser zweiten Übungseinheit geht es darum, die gelernten Vokabeln zu wiederholen und zu festigen. Gehe dazu wie bei Lektion 1 vor, dass dein Kind sich zuerst mit Papier zuhalten alleine abfragt und dann erst du dein Kind durcheinander abfragst. Benutze als Hauptwörter nur Mädchen = girl(s) und Junge(n) = boy(s), damit dein Kind sich auf den Satzbau konzentrieren kann.

Wenn du und dein Kind meinen, dass es die Vokabeln kann, darf es den folgenden Test zur Lernkontrolle ausfüllen.

Test zur Lektion 2:

You are a girl.　　　=　　_____

You are girls.　　　=　　_____

I am a girl / boy.　　=　　_____

We are girls / boys.　=　　_____

He is a boy.　　　　=　　_____

They are girls.　　　=　　_____

Du bist ein Junge.　　=　　_____

Wir sind Mädchen / Jungen. =　_____

Sie ist ein Mädchen.　=　　_____

Ihr seid Jungen.　　　=　　_____

Ich bin ein Mädchen / Junge.=　_____

Sie sind Mädchen.　　=　　_____

Toll, was dein Kind schon alles kann! Es ist ja schon eine richtige kleine Übersetzerin / kleiner Übersetzer geworden.

Wenn dein Kind Fehler gemacht hat, lasse es die Fehler berichtigen und gucke dir an, was für eine Art von Fehlern es ist. Kann dein Kind die Vokabeln noch nicht sicher genug, sollte es diese wiederholen. Ist es der Satzbau, dann solltet ihr vor allem noch mehr mündliche Sätze bilden. Bei Rechtschreibfehlern lasse dein Kind die Worte mehrfach schreiben.

Macht dein Kind Flüchtigkeitsfehler, kannst du trotz Fehler weiter zur nächsten Lektion gehen, weil ein weiteres Üben dieser Lektion dein Kind nur langweilen und dann zu noch mehr Flüchtigkeitsfehlern führen würde. Es kann aber deinem Kind bei der Konzentration helfen, wenn es künftig die gerade nicht zu bearbeitenden Zeilen mit einem leeren Blatt Papier abdeckt. Außerdem soll es seine Antworten hinterher noch einmal in Ruhe auf Fehler kontrollieren. Dabei ist es manchmal hilfreich, die Antworten Wort für Wort von hinten nach vorne durchzulesen, um sich auf die Form statt auf den Inhalt zu konzentrieren.

Lektion 3

Lernziele: Arbeitsanweisungen verstehen, Gegenwartsformen simple present und present progressive (present continuous)

Zeitaufwand: 3 Übungseinheiten

1.Übungseinheit

Nun ist es an der Zeit, den Vokabelschatz deines Kindes um für die Schule besonders wichtige Verben zu erweitern. Bei den meisten Verben handelt es sich um Arbeitsanweisungen, denen dein Kind im Unterricht immer wieder begegnet. Meistens sind die Arbeitsanweisungen in den Schulmaterialien so illustriert, dass die Kinder über Bilder verstehen, worum es geht. So sollen die Kinder dann ganz nebenbei die Vokabeln lernen.

Leider funktioniert dieses Lernprinzip aber keineswegs bei allen Kindern. Kinder, die überwiegend strukturiert lernen, müssen eine Sprache verstehen und den Sinn dahinter erkennen, weil sie sonst die überflüssigen Informationen als unwichtig aussortieren und dadurch nichts „automatisch" behalten. Inwieweit dein Kind die Vokabeln schon kann oder erst lernen muss, wirst du im Folgenden überprüfen können.

zuhören	=	listen
zeigen	=	point
verstehen	=	comprehend
ansehen	=	look at
lernen	=	learn
lesen	=	read
schreiben	=	write
vervollständigen	=	complete
zeichnen	=	draw
reden	=	talk
erzählen / sagen	=	tell
sagen	=	say

Talk, tell und *say* sind inhaltlich ähnlich. *Stop talking! = Hört zu reden auf! Reden = talk* ist mehr ein allgemeines Unterhalten. *Erzählen /sagen = tell* bedeutet, jemandem etwas zu sagen, z.B. *Tell your friend ... = Sag deinem Freund / deiner Freundin ... . Sagen = say* ist meistens allgemeiner und nicht so direkt auf jemanden bezogen. Die Unterschiede sind aber recht fein und teilweise auch fließend, sodass es völlig ausreicht, wenn dein Kind die Vokabeln in ihrer Grundbedeutung kennt und weiß, was es gegebenenfalls tun soll.

Motivation: Falls dein Kind die Vokabeln noch wenig aus dem Unterricht behalten hat, fällt das Lernen von Verben leichter, wenn dein Kind seinen Körper mit einbezieht. Lasse dein Kind jedes Verb mit einer typischen Geste verbinden und übe die Vokabeln erst einmal mit Gesten vor. Dein Kind darf dabei in sein Vokabelheft schauen. Anschließend wird dein Kind die Vokabeln umso leichter im Krebsgang lernen.

2.Übungseinheit

Zunächst begegnen deinem Kind die Verben in der Gegenwartsform und zwar als simple present, die einfache Gegenwart, und present progressive (present continuous), die Verlaufsform der Gegenwart. Simple present wird verwendet, wenn man etwas regelmäßig, üblicherweise tut. Zum Beispiel frühstückt jemand jeden Morgen. Frühstückt er aber gerade in diesem Moment, wird present progressive verwendet.

Es gibt einige Signalwörter für simple present wie zum Beispiel *immer = always; jeden ... = every ... ; häufig = often; normalerweise = normally; in der Regel = usually; manchmal = sometimes; selten = seldom; nie = never.* Wird also etwas immer, jeden Tag, häufig, normalerweise, in der Regel, manchmal, selten oder nie getan, benutzt man simple present.

Simple = einfach, also einfache Gegenwart ist auch sehr einfach, denn sie besteht nur aus jeweils einem Verb. Dieses Verb wird jeweils in der Grundform verwendet, mit einer einzigen Ausnahme bei der dritten Person Einzahl. Da wird ein S angehängt. Dein Kind kann sich folgenden Spruch merken: **He, she, it, S muss mit!**

Ich lese (jeden Tag).	=	I read (every day).
Du liest (immer)	=	You (always) read.
Er liest.	=	He read**s**.
		(**He, she, it, S muss mit!**)
Sie liest.	=	She read**s**.
Es liest.	=	It read**s**.

(Im Alltag kommt es z.B. als *Es regnet. = It rains.* vor)

Wir lesen.	=	We read.
Ihr lest.	=	You read.
Sie lesen.	=	They read.

Nachdem ihr euch simple present gemeinsam angesehen habt, lasse dein Kind die Sätze schon gleich mündlich auswendig von Deutsch nach Englisch übersetzen. Die Aufgabe ist so einfach, dass dein Kind sofortigen Erfolg hat und stolz auf sich sein kann. Lobe dein Kind.

Es gibt auch Signalworte für present progressive, zum Beispiel *in diesem Augenblick = at this moment; jetzt = now; gerade jetzt = right now.* Bei in diesem Augenblick, jetzt oder gerade jetzt wird present progressive verwendet.

Present progressive setzt sich jeweils aus zwei Worten zusammen. *Am, are* oder *is* (kennt dein Kind schon aus Lektion 2) wird mit der Grundform des Verbes verlängert um ...**ing** verbunden.

Ich lerne (jetzt).	=	I **am** learning (now).
Du lernst.	=	You **are** learning.
Er lernt.	=	He **is** learning.
Sie lernt.	=	She **is** learning.

Es lernt.	= It **is** <u>learn</u>**ing**.
Wir lernen.	= We **are** <u>learn</u>**ing**.
Ihr lernt.	= You **are** <u>learn</u>**ing**.
Sie lernen.	= They **are** <u>learn</u>**ing**.

(Hinweis: Bei *write* gibt es die Besonderheit, dass das E wegfällt, es also *writing* heißt.)

Nachdem dein Kind present progressive mündlich von Deutsch nach Englisch übersetzt hat, lasse dein Kind ein paar Sätze jeweils zugleich in simple present und present progressive übersetzen, um zu überprüfen, ob es die jeweilige Gegenwartsform auch im direkten Vergleich auseinanderhalten kann. Frage auch noch einmal nach dem Unterschied in der inhaltlichen Bedeutung.

Prima, was dein Kind in so kurzer Zeit schon alles kann!

3.Übungseinheit

Wiederhole mit deinem Kind simple present und present progressive schriftlich und mündlich anhand der verschiedenen Verben aus der ersten Übungseinheit, bevor du es den folgenden Test versuchen lässt.

Der Test ist ziemlich schwierig, weil er mehrere Inhalte miteinander verbindet. Gebe deinem Kind deshalb gegebenenfalls ruhig Hilfestellung. Es kommt nur darauf an, dass dein Kind das Sprachprinzip verstanden hat, den Rest lernt es dann in der Schule.

Test zur Lektion 3:

Ich höre (jetzt) zu. = _____(now).

Er lernt (jeden Tag). = _____(every day).

Du liest (jeden Tag) = _____(every day).

Wir schreiben (in diesem Augenblick). =

_____(at this moment).

Sie zeichnen (manchmal). =

_____(sometimes).

Ihr redet (gerade jetzt). =

_____(right now).

Lektion 4

Lernziele: Zahlen, Fragen stellen, Gespräch beginnen

Zeitaufwand: 3 Übungseinheiten

1.Übungseinheit

In dieser vierten Lektion steht das Fragewort *Wie = How* in Verbindung mit den Zahlen von 1 bis 12 im Mittelpunkt. Es hat sich herausgestellt, dass die englischen Frageworte aufgrund ihrer Ähnlichkeit und Aussprache nicht so ganz einfach für die Kinder sind. Deshalb macht es Sinn, insbesondere das Fragewort *How* vorwegzunehmen, in Verbindung mit den ebenfalls besonders wichtigen Zahlen zu vertiefen und dann mit *Was = What* zu einer Gesprächsführung zusammenzuführen.

Die ständige, übende Wiederholung von *How* wird deinem Kind durch die Abwechslung mit den Zahlen und die Kontakt aufnehmende Gesprächsführung kaum auffallen. Stattdessen wird die Aufmerksamkeit deines Kindes darauf gelenkt, stolz darauf sein zu können, dass es sich auf Englisch schon „richtig unterhalten" kann.

Zunächst sind die folgenden Vokabeln abzuschreiben und gemeinsam anzusehen. Da die Frageworte regelmäßig am Anfang der Frage stehen, sind sie schon für das Vokabeln lernen groß geschrieben.

Wie?	=	How?
alt	=	old
Jahr(e)	=	year(s)
1	=	one
2	=	two
3	=	three
4	=	four
5	=	five
6	=	six
7	=	seven
8	=	eight
9	=	nine
10	=	ten
11	=	eleven

12 = twelve

Lasse dein Kind die Frage *Wie alt bist du?* durch Übersetzen der einzelnen Worte selber herausfinden. Für *bist du* soll es gegebenenfalls in Lektion 2 nachsehen, weil die dort gelernten Worte für die Frage nur in der Reihenfolge umzustellen sind. Mache dein Kind auf diesen Zusammenhang aufmerksam. So einfach ist Englisch und so viel kann es schon!

Wie alt bist du? = How old are you?

Auch die Antwort kann dein Kind, mit vielleicht etwas Hilfestellung, Wort für Wort übersetzt alleine herausfinden.

Ich bin (eigenes Alter einsetzen) Jahre alt.

= I am / I´m eight years old.

Lasse dein Kind jetzt die nachfolgenden Sätze übersetzen. Dazu solltest du die ersten zwei oder mehr Sätze jeweils zuerst auf Deutsch aufschreiben und direkt darunter ins Englische übersetzen lassen. Kommt dein Kind damit zurecht, sage die deutschen Sätze nur noch mündlich und dein Kind schreibt sie auf Englisch auf. Zur Hilfestellung kann es sich im Kopf den deutschen Satz darüber vorstellen. Die letzten Sätze übersetzt dein Kind dann nur noch mündlich.

Mache anhand von Beispielen deutlich, von wem jeweils gesprochen wird, z.B. *Wie alt ist das Auto?* wird zu *Wie alt ist es?* Dein Kind darf sich dann Fantasiezahlen von 1 bis 12 ausdenken. Achte bitte darauf, dass es genauso wie im Deutschen bei *one year* Einzahl ohne S heißt.

Wie alt bin ich?	=	How old am I?
Ich bin 9 Jahre alt.	=	I am / I´m nine years old.
Wie alt bist du?	=	How old are you?
Du bist 3 Jahre alt.	=	You are / You´re three years old.
Wie alt ist er / sie /es?	=	How old is he / she / it?
Er / sie / es ist 11 Jahre alt.	=	He /she / it is eleven years old.
Wie alt sind wir?	=	How old are we?
Wir sind 1 Jahr alt.	=	We are one year old.

| Wie alt seid Ihr? | = | How old are you? |

(*Wie alt bist du* und W*ie alt seid Ihr* ist in Englisch nicht zu unterscheiden.)

Ihr seid 5 Jahre alt.	=	You are / You´re five years old.
Wie alt sind sie?	=	How old are they?
Sie sind 8 Jahre alt.	=	They are eight years old.

Nachdem du mit deinem Kind alle Personen durchgegangen bist, könnt ihr „richtige" Fragen und Antworten daraus machen, z.B. *How old **are you**? **I am** eight years old.*

Die bisherigen Fragen und Antworten konnten wörtlich übersetzt werden, doch das geht leider nicht immer. *How old are you?* Hat dein Kind schon kennengelernt. Worin besteht der Unterschied zu *How are you?* Das Wort *old* wurde weggelassen und gibt der Frage dadurch eine völlig neue Bedeutung. Wörtlich übersetzt hieße es *Wie bist du?* oder *Wie seid Ihr?* Tatsächlich fragen wir *Wie geht es dir / euch?* Und schon kennt dein Kind eine weitere wichtige Frage für ein Gespräch. So viel kann es mit diesen wenigen einfachen

Vokabeln anfangen. Die Engländer/innen antworten dann *Gut = Fine* oder *Danke, gut = Fine, thank you.*

2.Übungseinheit

Mit *Wie = How* kann dein Kind schon viel anfangen. Nehmt jetzt noch *Was = What* hinzu. Durch das A ist dieses Fragewort gut zu merken. Probiert einmal gemeinsam *What's / What is your name?* wörtlich zu übersetzen: *Was ist dein Name?* Tatsächlich würden wir fragen *Wie heißt du? Ich heiße ... = My name is ... .*

Jetzt ist es an der Zeit, die aufgelisteten Vokabeln aus der ersten Übungseinheit, ergänzt um die folgenden Worte, im Krebsgang zu lernen.

gut	=	fine
danke	=	thank you
Was?	=	What?
dein	=	your (*du = you* mit r angehängt)
mein	=	my
Name	=	name
Hallo	=	Hello oder Hi (nicht mit

er = he verwechseln)

Es reicht, wenn dein Kind die Vokabeln so einigermaßen kann, denn auch in der nächsten Übungseinheit werden sie noch einmal wiederholt.

Motivation: Dein Kind sollte für einen motivierenden Lernabschluss mündlich bis 12 zählen können, so dass es stolz darauf sein kann.

3.Übungseinheit

Frage dein Kind die Vokabeln durcheinander ab. Zumindest einige Worte solltest du dabei immer auch schreiben lassen, damit sich dein Kind von vorneherein an das Schriftliche gewöhnt.

Motivation: Versuche doch einmal, mit deinem Kind ein Gespräch auf Englisch zu beginnen. Dabei kannst du dich gerne an dem nachfolgenden Test orientieren.

Test zur Lektion 4:

Du siehst ein anderes Kind am Strand spielen und sprichst es an:

„Hallo"   =   _____

„Wie geht es dir?" =   _____

Das andere Kind antwortet: „Fine, thank you." Du erzählst weiter:

„Ich heiße ..." =   _____

„Wie heißt du?" =   _____

Das andere Kind antwortet: „My name is Martin. How old are you?" Du antwortest:

„Ich bin (bitte eigenes Alter einsetzen) Jahre alt."

=   _____

„Wie alt bist du?" =   _____

Martin antwortet: „I´m nine years old." Da kommt plötzlich eine Welle und will den gebauten Damm von Martin zerstören. Gemeinsam versucht ihr, den Damm zu retten.

Lektion 5

Lernziel: Frageworte kennenlernen

Zeitaufwand: 1 Übungseinheit

1.Übungseinheit

In dieser fünften Lektion soll dein Kind die englischen Frageworte für die Schule vorbereiten, weil sie sehr leicht zu verwechseln sind. Es geht noch nicht darum, die Frageworte perfekt zu können und anzuwenden, sondern die Basis dafür zu schaffen, sie im Unterricht weniger zu verwechseln, wenn es denn so weit ist. Deswegen wird auch auf einen Test am Ende dieser Lektion verzichtet.

Wie = How kennt dein Kind schon. Nun will das W aber nicht immer hinten sein und „drängelt" sich nach vorne. Dadurch wird aus *Wie = How* ein *Wer = Who*. Alle vier Worte *Wie, How, Wer* und *Who* bestehen jeweils aus genau drei Buchstaben.

Mit *Wer = Who* und *Wo = Where* wird es aber nun leider wirklich vertrackt, denn von der Aussprache her ist es dem Deutschen gegenüber genau vertauscht.

Mache das deinem Kind deutlich bewusst und übe diese beiden Worte verstärkt.

Zuletzt bleiben nur noch das schon bekannte *Was = What* und *Warum = Why*. Übrigens, alle englischen Frageworte enthalten immer ein W und ein H, meistens zum Anfang als Wh.

Wie?	= **H**ow?
Wer?	= **Wh**o? (Verwechslungsgefahr!)
Wo?	= **Wh**ere? (Verwechslungsgefahr!)
W**as**?	= **Wh**at?
War**u**m?	= **Wh**y? (u und y sehen ähnlich aus)

Lasse dein Kind die Vokabeln zuerst in sein Vokabelheft abschreiben, im Krebsgang lernen und frage die Worte anschließend durcheinander ab. Übersetzt anschließend gemeinsam die Fragen:

Wo bist du? = Where are you?

Wo ist mein Mädchen/Junge? = Where is my girl/boy?

Motivation: Um die Frageworte verstärkt ins Unterbewusste aufzunehmen, ist diesmal auch für strukturiert lernende Kinder ein Spiel angesagt. Ersetze du und dein Kind einen Tag lang jeweils die deutschen Frageworte durch die englische Übersetzung. Dabei dürft ihr beide einen Spickzettel dabei haben, weil es besser ist, mit „abgucken" es gleich richtig zu machen, als durch Korrekturen die Verwechslungsgefahr zu verstärken.

Lektion 6

Lernziel: Schulvokabeln lernen

Zeitaufwand: 3 Übungseinheiten

1.Übungseinheit

In dieser sechsten Lektion soll dein Kind Vokabeln lernen, die es für den Unterricht braucht. Lasse dein Kind jeweils acht Vokabeln in den ersten beiden Übungseinheiten weitgehend selbständig lernen und dann alle sechzehn Vokabeln in der dritten Übungseinheit durch Abfragen wiederholen.

Motivation: Erkläre deinem Kind, dass es mit diesen wenigen Vokabeln ganz viel von dem versteht, worüber die Lehrerin / der Lehrer spricht.

Die folgenden ersten acht Vokabeln betreffen vor allem das Umfeld in der Schule. Übe gemeinsam mit deinem Kind die Aussprache und sucht nach Eselsbrücken. Dann halte dich ruhig etwas zurück und beobachte, wie weit dein Kind – vielleicht noch mit kleineren Hilfestellungen – die Vokabeln zunächst abschreibt und dann selbständig im Krebsgang lernen kann. Lobe dein Kind vor allem für die richtige Lerntechnik.

Tafel	=	board
Kreide	=	chalk
Lehrerpult	=	desk
Tisch	=	table
Stuhl	=	chair
Lehrerin / Lehrer	=	teacher
Schülerin / Schüler	=	pupil
Schultasche	=	school bag

Diese Vokabeln sollte dein Kind sicher können, bevor es zur nächsten Übungseinheit übergeht.

2.Übungseinheit

Jetzt geht es um Vokabeln für Dinge, die sich in der Schultasche befinden.

Buch	=	book
Schreibheft	=	exercise book
Füller	=	pen
Bleistift	=	pencil
Filzstift	=	felt tip
Radiergummi	=	rubber
Lineal	=	ruler
Schere	=	scissors (Einzahl mit S)

Auch diese Vokabeln sollte dein Kind sicher können, bevor es zur nächsten Übungseinheit weitergeht. Die nächste Übungseinheit sollte möglichst erst am nächsten Tag sein, damit sich die Vokabeln über Nacht setzen können.

3.Übungseinheit

Lasse dein Kind sich die Vokabeln noch einmal ansehen und frage es dann durcheinander mündlich und schriftlich, mal von Deutsch auf Englisch und mal von

Englisch auf Deutsch ab. Macht dann eine Pause vor dem abschließenden Test.

Test zur Lektion 6:

Für den Test diktierst du deinem Kind zehn Vokabeln, die es aussprechen und fehlerfrei schreiben können sollte. Dein Kind sollte sich von nun an daran gewöhnen, dass Vokabeln nicht nur so ungefähr, sondern genau gewusst werden müssen.

Lektion 7

Lernziele: Possessivpronomen, Verneinungen

Zeitaufwand: 3 Übungseinheiten

1.Übungseinheit

Mit Possessivpronomen hat dein Kind von Anfang an im Englischunterricht zu tun, sodass es sie können sollte.

ich -> mein	=	I -> my
du -> dein	=	you -> your
er -> sein	=	he -> his
sie -> ihr	=	she -> her
es -> sein	=	it -> its
wir -> unser	=	we -> our
ihr -> euer	=	you -> your
sie -> ihr	=	they -> their

Lasse dein Kind die Possessivpronomen erst einmal abschreiben und dann mache es auf folgende Besonderheiten aufmerksam: *Du -> dein* und *ihr -> euer* wird im Englischen identisch mit *you -> your* übersetzt.

Bitte *du bist* = *you are* = *you're* nicht mit *dein* = *your* verwechseln, auch wenn es gleich ausgesprochen wird. Dasselbe gilt für *es ist* = *it is* = *it's* und *sein* = *its*. Manchmal macht ein kleiner Strich, das Apostroph, einen großen Unterschied.

Übt zunächst erst einmal wieder ein paar Sätze mündlich und schriftlich. Dazu zwei Vokabeln vorweg:

dies / dieses   =   this

dies / diese   =   these

These ist die Mehrzahl von *this*.

Motivation: Ihr könnt das folgende Lernen anschaulicher gestalten, wenn ihr Spielfiguren deines Kindes mit einbezieht und das Buch bzw. die Bücher entsprechend herumreicht.

Dies ist **mein** Buch.　　=　This is **my** book.

Dies <u>sind</u> **mei<u>ne</u>** Bü<u>cher</u>. =　These <u>are</u> **my** book<u>s</u>.

Die Possessivpronomen sind im Englischen für Einzahl und Mehrzahl gleich. Possessivpronomen sind auf Englisch also viel leichter zu lernen als auf Deutsch.

Dies ist **dein** Buch.　　=　This is **your** book.

Dies sind **deine** Bücher.　=　These are **your** books.

Dies ist **sein** Buch.　　=　This is **his** book.

Dies sind **seine** Bücher.　=　These are **his** books.

Dies ist **ihr** Buch.　　=　This is **her** book.

Dies sind **ihre** Bücher.　=　These are **her** books.

Dies ist **sein** Buch.　　=　This is **its** book.

(Ist deinem Kind aufgefallen, dass es statt *This is its book.* auch wieder *This is his book.* hätte heißen können? Die richtige Übersetzung ist dem Zusammenhang zu entnehmen.)

Dies sind **seine** Bücher.　=　These are **its** books.

Dies ist **unser** Buch　　=　This is **our** book.

Dies sind **unsere** Bücher. =　These are **our** books.

Dies ist **euer** Buch   =   This is **your** book.

Dies sind **eure** Bücher.   =   These are **your** books.

Dies ist **ihr** Buch.   =   This is **their** book.

(Ist deinem Kind aufgefallen, dass es auch wieder *This is her book.* hätte heißen können? Ob eine oder mehrere Personen gemeint sind, muss dem Zusammenhang bzw. der Anzahl der Spielfiguren entnommen werden.)

Dies sind **ihre** Bücher.   =   These are **their** books.

2.Übungseinheit

Jetzt sind die Possessivpronomen im Krebsgang zu lernen.

Eine weitere Variante sind Verneinungen:

Dies ist **nicht** <u>mein</u> Buch. = This is **not** <u>my</u> book.

Statt *is not* benutzen die Engländer auch gerne *isn't.*

Frage dein Kind: Wie würde *Dies ist **nicht** <u>dein</u> Buch* heißen?

This is **not** <u>your</u> book = This is**n´t** <u>your</u> book.

Kann dein Kind die Mehrzahl, mit etwas Unterstützung von dir, vielleicht alleine herausfinden?

Dies sind nicht deine Bücher. = These are not your books. = These aren´t your books.

Auch in der Mehrzahl benutzen die Engländer gerne *are not = aren´t*.

3.Übungseinheit

Lasse dein Kind sich die Possessivpronomen noch einmal kurz ansehen und dann frage es durcheinander mündlich und schriftlich ab. Frage dazu sowohl nach der Übersetzung ich -> mein = ? (I -> my) als auch nach der Zusammengehörigkeit I-> ? (my) sowie nach ganzen Sätzen und Verneinungen.

Motivation: Super! Deinem Kind kann man jetzt auch im Ausland nicht mehr so schnell seine Sachen wegnehmen, weil es genau sagen kann, wem was gehört – und fast überall auf der Welt verstehen die Menschen Englisch.

Nach einer kurzen Pause darf dein Kind dann den folgenden Test machen.

Test zur Lektion 7:

Dein Kind möchte bitte zuerst alle acht Possessivpronomen auf Englisch mit deutscher Übersetzung auswendig aufschreiben und dann anschließend die folgenden Sätze übersetzen.

Diese Sätze sind wirklich schwierig. Wenn dein Kind damit alleine zurechtkommt, hat es eine besondere Stärke im strukturierten Denken. Deshalb darfst du deinem Kind gerne auch Hilfestellung geben und es als gemeinsame „Knobelaufgabe" ansehen.

Findet dein Kind beide Übersetzungsmöglichkeiten für den folgenden Satz?

Dies sind ihre Bücher.

= 1. Möglichkeit: _____

= 2. Möglichkeit: _____

Dies ist nicht euer Buch. = _____

Ergänzung zur Schule

In den ersten Jahren Englischunterricht wird in der Schule vor allem spielerisch ein Vokabelschatz aufgebaut und davon ausgegangen, dass ein gewisses Sprachgefühl automatisch entwickelt wird. In welchem Ausmaß das passiert, ist aber bei jedem Kind unterschiedlich.

Nimm den Lernansatz deines Kindes, die Sprache zu verstehen, statt sie automatisch mitzubekommen, ernst und stelle eher niedrigere Ansprüche an sein Sprachgefühl. Gehe deshalb gemeinsam mit deinem Kind die Unterrichtsmaterialien durch und lasse es genau die Vokabeln lernen, die unauffällig nebenbei vermittelt werden, wie zum Beispiel *der, die, das* (als Artikel) = *the* oder *und* = *and*.

In der Regel werden beim spielerischen Lernen in der Schule bestimmte Vokabelgruppen, wie zum Beispiel Zahlen, Farben, Körperteile, Kleidung oder Wochentage durch Singen, Spielen, Malen und so weiter vermittelt. Das ist auch für dein Kind eine gute Vorübung, um mit den Vokabeln vertraut zu werden. Aber gerade wenn dein Kind besonders ausgeprägt über Struktur lernt, werden die Vokabeln nicht unbedingt auch als Vokabeln erkannt und daher auch nur wenig behalten.

Lasse dein Kind deshalb jeweils die Vokabeln zu einem Thema, wie zum Beispiel alle Farben, aus seinen Arbeitsmaterialien herausschreiben und in sein Vokabelheft übertragen. Dazu braucht es deine Hilfestellung, sodass gewährleistet ist, dass die Vokabeln, die im Vokabelheft stehen, wirklich auch vollständig und richtig sind. Dann soll dein Kind die Vokabeln im Krebsgang lernen.

Motiviere dein Kind, ganz bewusst im Unterricht immer auch auf die Vokabeln zu achten, weil es die Vokabeln dann schon weitgehend kann und zu Hause dann viel schneller lernt. Tatsächlich wird dein Kind die Vokabeln schon im Unterricht viel besser behalten, wenn es sich nicht nur auf das Spielerische einlässt, sondern auch die Vokabeln bewusster wahrnimmt.

Englisch lernt sich am besten, wenn regelmäßig etwas (zum Beispiel täglich zehn Minuten bis eine viertel Stunde, mit zunehmendem Alter auch länger) statt seltener viel gelernt wird. Wobei das Übertragen der Vokabeln in das Vokabelheft nicht zu unterschätzende Lernzeit ist, sodass mit dem eigentlichen Krebsgang erst beim nächsten Lernen begonnen werden sollte.

Sobald dein Kind in die höheren Klassen kommt, verfügen die englischen Lehrbücher in der Regel über einen Grammatikanhang und einen Vokabelanhang. Mit denen sollte sich dein Kind dann von Anfang an parallel zum Unterricht beschäftigen und nicht erst kurz vor der Klassenarbeit oder nur, wenn die Lehrerin / der Lehrer es ausdrücklich sagt.

Wenn dein Kind gelernt hat, wie es zu lernen hat, kann ihm dieses Wissen ein Leben lang nützlich sein.

Vokabeln lernen

1) Vokabeln ins Vokabelheft abschreiben.
2) Aussprache üben.
3) Eselsbrücken und Zusammenhänge finden.
4) Ist Motivation durch erfolgreiche Anwendung möglich?
5) Lernen im „Krebsgang":
   - 3 Vokabeln jeweils einprägen, dreimal auf ein extra Blatt schreiben (*ich = I, ich = I, ich = I*) und sich selber abfragen (von Englisch nach Deutsch mündlich und von Deutsch nach Englisch schriftlich) durch Vokabeln im Heft abdecken;
   - die nächsten 3 Vokabeln jeweils einprägen, dreimal schreiben und sich selber abfragen durch Vokabeln im Heft abdecken;
   - alle 6 Vokabeln sich selber abfragen durch Vokabeln im Heft abdecken;
   - die nächsten 3 Vokabeln jeweils einprägen, dreimal schreiben und sich selber abfragen;
   - die neuesten 6 Vokabeln sich selber abfragen;
   - …
   - zum Schluss alle gelernten Vokabeln sich selber abfragen.

   Nicht gekonnte Vokabeln jeweils zusätzlich schreiben.
6) Am nächsten Tag die Vokabeln – auch von hinten nach vorne – sich selber abfragen und dann durcheinander abfragen.
7) Mit zeitlichem Abstand die Vokabeln wiederholen.

Lösungen zu den Tests

Lektion 1: du = <u>you</u>, er = <u>he</u>, <u>du</u> = you, <u>er</u> = he, sie = <u>she</u>, es = <u>it</u>, <u>wir</u> = we, wir = <u>we</u>, sie = <u>they</u>, <u>ich</u> = I, <u>sie</u> = they, <u>sie</u> = she, ihr = <u>you</u>, <u>es</u> = it, ich = <u>I</u>, <u>ihr</u> = you.

Lektion 2: Du bist ein Mädchen. Ihr seid Mädchen. Ich bin ein Mädchen / Junge. Wir sind Mädchen / Jungen. Er ist ein Junge. Sie sind Mädchen. You are / You´re a boy. We are / We´re girls / boys. She is / She´s a girl. You are / You´re boys. I am / I´m a girl / boy. They are / They´re girls.

Lektion 3: I am / I´m listening. He learns. You read. We are / We´re writing. (Besonderheit: das E fällt weg.) They draw. You are / You´re talking.

Lektion 4: Hello. How are you? My name is … . What´s your name? I am / I´m … years old. How old are you?

Lektion 5: Einige Beispiele zum Ersetzen der deutschen Frageworte: <u>How</u> spät ist es? <u>Where</u> ist mein Pullover? <u>Who</u> hat die Sachen auf dem Tisch liegen lassen? <u>What </u>gibt es zu essen? <u>Why</u> ist das Licht noch an?

Lektion 6: Siehe die Vokabellisten auf den Seiten 50 und 51.

Lektion 7: mein = my, dein = your, sein = his, ihr = her, sein = its, unser = our, euer = your, ihr = their.

Dies sind ihre Bücher. = 1) These are her books. 2) These are their books. Dies ist nicht euer Buch. = This is not / isn´t your book.

Zur Autorin

Ayleen Lyschamaya / Dr. rer. pol.
Ayleen Birgit Scheffler-Hadenfeldt,
geb. 1966 in Hamburg, ist
Diplomkauffrau und promovierte im
internationalen Steuerrecht. Während
ihres Studiums lebte und studierte sie ein Jahr in England
(Southampton). Inzwischen hat sie eine eigene Praxis als
Heilpraktikerin für Psychotherapie in Berlin.

1988 absolvierte sie ihre Ausbildung zur Tanz- und
Gymnastikübungsleiterin sowie zur Jugendgruppenleiterin.
Seitdem nahm sie regelmäßig an Fortbildungen, speziell auch
im Kinderbreitensport mit pädagogischen Inhalten, teil. Sie
hat einen inzwischen erwachsenen Sohn und schon einigen
Kindern Nachhilfe gegeben.

Ayleen Lyschamaya:

Seit Weihnachten 2016 lebt Ayleen Lyschamaya als
Spirituelle Meisterin der Am-Ziel-Erleuchtung ihre Berufung,
die Menschheit bei ihrem evolutionären Bewusstseinssprung
in das neue Zeitalter hinein zu begleiten. Sie lehrt das
vollständige transzendente Bewusstsein mit göttlich-irdischer
Verbindung und der Botschaft: Heile deine innere Frau.

https://www.am-ziel-erleuchtung.de/ayleen-lyschamaya/

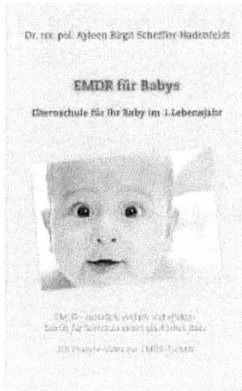

Für das gesunde Ankommen der Seele auf der Erde

EMDR für Babys, Elternschule für dein Baby im 1.Lebensjahr von Ayleen Lyschamaya, Neuauflage 2019

Mit *EMDR für Babys*
- die gesunde Entwicklung fördern
- das Geburtstrauma verarbeiten
- Schreibabys beruhigen
- gestörtes Bonding heilen
- ADHS und ADS vorbeugen
- die Wahrnehmung schulen

EMDR für Babys ist natürlich, einfach durchzuführen und effektiv. Schritt für Schritt erfährst du, wie du Probleme im 1.Lebensjahr lösen und die Entwicklung deines Babys optimal fördern kannst – für eine gemeinsame glückliche Zukunft.
https://www.am-ziel-erleuchtung.de/emdr-fuer-babys-original/

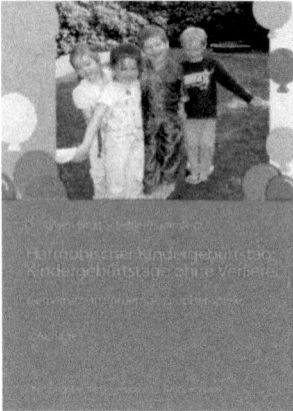

Teamfähigkeit der inneren Familie entwickeln

Harmonischer Kindergeburtstag: Kindergeburtstage ohne Verlierer, Gemeinschaftsfördernde Gruppenspiele von Ayleen Lyschamaya, Neuauflage 2019

Empfohlen von der Württembergischen Sportjugend in der Fachzeitschrift *Sport in BW* (2/2010) und im Fachmagazin für Jugendleiter und Mitarbeiter in der Jugendarbeit *youth and me* (1/2008).

An Kindergeburtstagen sind Wettkampfspiele weit verbreitet, oftmals ohne dass Eltern wissen, welche Wirkung diese Spiele auf ihre Kinder haben. Der Ratgeber *Harmonischer Kindergeburtstag: Kindergeburtstage ohne Verlierer* stellt dagegen die Alternative der Gemeinschaftsfördernden Spiele vor. Während traditionelle Wettkampfspiele eine Atmosphäre von gegeneinander unter den Kindern hervorrufen, verstärken Gemeinschaftsfördernde Spiele das Miteinander. Die geschickte Auswahl der Geburtstagsspiele kann daher die Geburtstagsstimmung der Kinder gezielt beeinflussen.
https://www.am-ziel-erleuchtung.de/teamfaehigkeit/

Das Grundlagenwerk zur inneren Familie

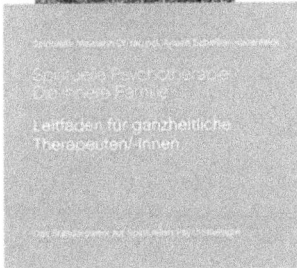

Spirituelle Psychotherapie: Die innere Familie, Leitfaden für ganzheitliche Therapeuten/-innen von Ayleen Lyschamaya, Neuauflage 2019

Das innere Kind macht nur einen Drittel der menschlichen Psyche aus, hinzu kommen die innere Frau und der innere Mann.

Auch Nicht-Therapeuten/-innen werden sich selber und andere Menschen mit diesem Hintergrundwissen besser verstehen. So erläutert ein ganzes Kapitel speziell die typischen Verstrickungen in Beziehungen. Kennt man die persönlichkeitsspezifischen Grundmuster, lassen sich Partnerschaften und auch alle anderen Arten von Beziehungen positiver gestalten.

https://www.am-ziel-erleuchtung.de/psychotherapie-spiritualitaet/

Reihe: *Ayleen Lyschamaya – Neues Bewusstsein*

Band 1: *Spirituelle Psychotherapie: Die innere Familie*
Das Grundlagenwerk zur inneren Familie
Das Standardwerk zur Spirituellen Psychotherapie

Band 2: *Spirituelles EMDR*
Gefühle als spiritueller Weg zur
Bewusstseinserweiterung

Band 3: *Schuldgefühle vollständig auflösen*
Schuldgefühle löschen – Liebe leben –
Verfahrensweise©
(Schuldgefühle-lLl-Praktik©)

Band 4: *Der vollständige spirituelle Weg*
Ayleen Lyschamaya zur Am-Ziel-Erleuchtung
Das Grundlagenwerk zur neuen Spiritualität

Band 5: *Spiritueller Hausboot-Urlaub in Holland*
Bewusstseinsgestaltung mit ihrem Freund (Reisebericht)

Band 6: *Heilung der Welt durch Bewusstseinsentwicklung*
für Indien
Umwandlung des Buddhismus und Hinduismus
(Reisebericht)

https://www.am-ziel-erleuchtung.de/buecher/